Dans la même collection
Perles de rocaille – Christine Hooghe
Tricotin – Hildegarde Deuzo
Bijoux en pâte FIMO – Carine Le Guilloux
Premiers tricots – Hildegarde Deuzo
Scoubidous – Lucille Allirand

L'éditeur tient à remercier DMC qui a fourni l'ensemble des fils.
DMC • www.dmc.com

Direction éditoriale : Guillaume Pô
Édition : Mathilde Guillier
Direction artistique : Chloé Eve
Mise en page : Vanessa Paris
Photographies : Fabrice Besse
Illustrations techniques : Cédric Pérez
Fabrication : Thierry Dubus et Anne Floutier
Merci à Anne-Sophie Carpentier pour sa relecture attentive.

Dépôt légal : avril 2011
ISBN : 978-2-215-10257-1
Code MDS : 590936
8e édition. N° d'édition : P13068

Photogravure : Turquoise
Imprimé en France par Pollina en mars 2013 - L64224C

www.fleuruseditions.com

.mes..... créations

Bracelets brésiliens

Florence Bellot

FLEURUS
www.fleuruseditions.com

Matériel et conseils

La légende raconte que lorsqu'on accroche ce type de bracelets d'amitié autour de son poignet, il faut faire un vœu. Comme ils sont réalisés en fils de coton, on peut, sans problème, se laver avec, faire du sport, etc. Au bout de plusieurs mois, ils finissent par s'abîmer, casser et tomber. À ce moment-là, paraît-il, le vœu se réalise !

Tous les modèles proposés dans ce livre sont conçus pour être des bracelets. Mais d'autres utilisations sont possibles : plus courts en porte-clés ; plus longs en cordons à lunettes. Ils peuvent aussi devenir des ronds de serviettes pour une table de fête ou, cousus sur un pantalon, ils permettent de créer des passants de ceinture… En laissant parler son imagination, on peut trouver plein de déclinaisons possibles à ces jolis bracelets colorés !

Il est facile de se procurer du fil de coton et de nombreuses variétés existent. Coton perlé, retors mat, fils à effet irisé, métallisé ou dégradé... Un vaste choix existe en mercerie pour créer une multitude de bracelets !

Pour agrémenter les bracelets, on peut ajouter des perles ou des boutons. Là encore, c'est en mercerie que se trouve le plus vaste choix. En acheter quelques modèles permet d'en avoir toujours sous la main !

Pour les tresses et les Wraps, on peut mélanger différentes épaisseurs de fil. Les bracelets seront simplement plus ou moins gros. Par contre, pour la réalisation des bracelets brésiliens, il est important d'utiliser des fils de même épaisseur.

Les bracelets proposés dans ce livre ont souvent 8 fils avec 4 couleurs différentes. Mais tout est possible. Les bracelets très larges avec 14 fils, voire plus, sont aussi très jolis !

Plus on ajoute de fils, plus ils doivent être longs !

Pour faire un bracelet large, il faut utiliser une plus grande quantité de fils (6 ou 7 couleurs différentes, 12 ou 14 fils, ou même plus). Ainsi, chaque fil va faire plus de double nœuds que pour un bracelet moyen à 8 fils. Il faut donc prévoir et couper des fils de plus de 2 mètres.

Techniques

Voici les deux techniques de base pour créer l'attache du bracelet.

Le début - version simple

Je noue les fils entre eux en laissant dépasser environ 6 cm de fil. Je passe une épingle à nourrice à travers le nœud et je commence le bracelet.

Le début - version plus élaborée

Je réalise un nœud à peu près au milieu des fils. Je passe une épingle à nourrice à travers le nœud et je réalise une petite tresse d'environ 3 cm. Je la termine par un nœud et je la plie en deux pour former une boucle. Je fais un nœud en essayant de cacher les deux autres. Puis, je passe l'épingle à nourrice à travers la boucle et je commence le bracelet.

La fin - version simple

Lorsque la longueur du bracelet est atteinte, je fais un nœud avec tous les fils et je les coupe en laissant dépasser environ 6 cm de fil. Je passe le bracelet autour du poignet et fais un double nœud pour qu'il ne se détache plus !

La fin - version plus élaborée

Lorsque la longueur du bracelet est atteinte, je sépare les fils en deux groupes et je tresse chaque groupe. Je termine la tresse par un nœud et coupe les fils qui dépassent. Je passe le bracelet autour du poignet, fais entrer une des tresses dans la boucle et noue les deux tresses ensemble.

Tresses

Faire une tresse à 3 fils, ce n'est pas sorcier, et quand on n'utilise que deux couleurs différentes, le rendu est étonnant !

Tresse à 3 fils

J'utilise des fils d'environ 50 cm pour obtenir un bracelet de 20 cm.

Je commence par faire un nœud en laissant dépasser environ 6 cm de fil.

Je travaille les fils violines comme s'ils n'étaient qu'un seul et je tresse ! Lorsque la longueur désirée est atteinte, je fais un nœud en laissant environ 6 cm de fil pour nouer le bracelet autour du poignet.

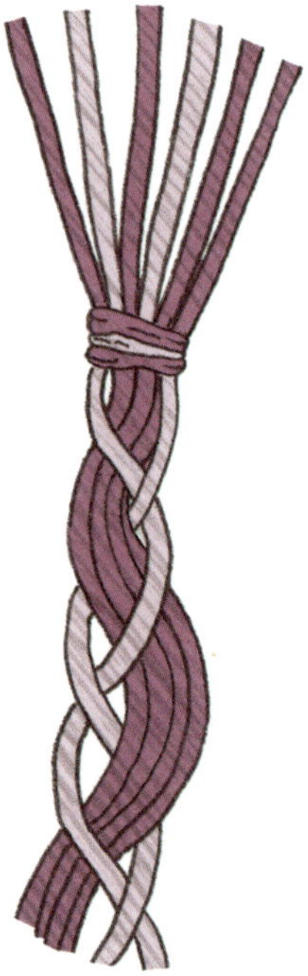

Tresse à 4 fils

Je commence le bracelet par une boucle et je tresse les fils en alternant toujours une fois dessus, une fois dessous.

Bracelets fins

Un savant mélange de technique de macramé et de brésilien pour des réalisations originales !

- 2 fils de 30 cm (1 violet, jaune 1 fuchsia) - ~~orange~~ - Vert
- 2 fils de 70 cm (1 violet, 1 fuchsia)

Les fils courts seront les fils fixes.

Je commence par faire un nœud en laissant dépasser environ 6 cm de fil.

❶ Avec le fil fuchsia de 70 cm, je fais un double nœud à droite sur les fils fixes réunis. Je fais de même avec le fil violet.

❷ Avec le fil fuchsia maintenant placé à droite, je fais un double nœud à gauche sur les fils fixes. Je procède de la même façon avec le fil violet.
Je continue jusqu'à ce que le bracelet soit de la longueur désirée.

Bracelets fins

Variante

- 2 fils de 30 cm (1 anthracite, 1 marron glacé)
- 2 fils de 70 cm (1 anthracite, 1 marron glacé)
- 3 petites perles rondes (ou 1 grosse perle, 1 breloque, etc.)

Je commence par faire un nœud en laissant dépasser environ 6 cm de fil.

Après une série de double nœuds, je passe un des fils dans la perle. Je la maintiens bien en place par un nouveau double nœud et je continue l'alternance comme avant. Je procède de la même façon pour en insérer d'autres.

Si la perle choisie est très grosse (bracelet orange et marron de la photo), j'insère deux fils dedans et je passe les deux autres fils de chaque côté. Je maintiens la perle bien en place par un nouveau double nœud et je termine le bracelet.

Si je veux insérer une petite breloque (bracelet rose et marron), j'accroche les fils au pendentif par un nœud tête d'alouette.

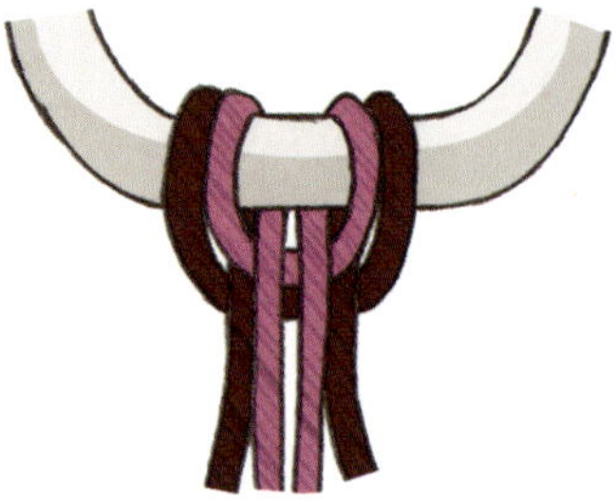

Bracelets très fins

Des bracelets réalisés en quelques minutes pour en porter plein au même poignet !

- 2 fils de 50 cm (1 violet, 1 turquoise)

Avant de commencer le bracelet, je fais un nœud en laissant dépasser environ 6 cm de fil.

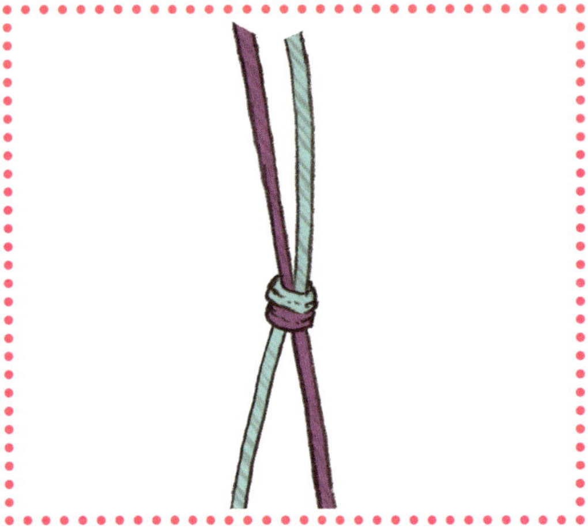

Je réalise un nœud à droite avec le fil de gauche et un nœud à gauche avec le fil de droite. Je continue jusqu'à la longueur désirée.

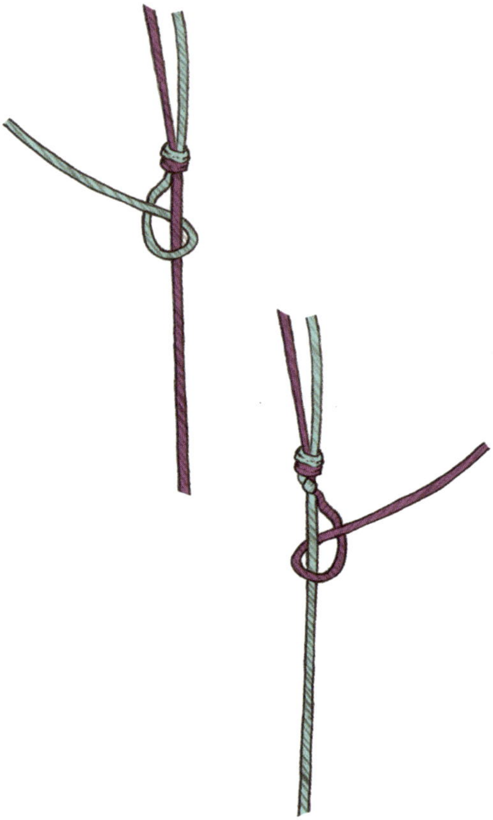

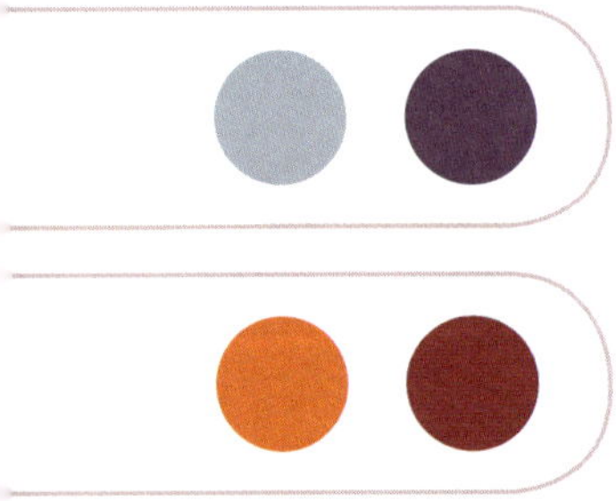

Technique du brésilien

Les bracelets brésiliens se forment toujours par une série de double nœuds à droite, de double nœuds à gauche ou d'une alternance des deux.

J'utilise des fils d'environ 180 cm pour obtenir un bracelet de 20 cm.

Je commence par faire un nœud en laissant dépasser environ 6 cm de fil.

Nœud à droite

❶ Avec le fil 1, je forme une boucle sur le fil 2, et je tire pour faire remonter le nœud. J'obtiens un nœud à droite.

❷ Toujours avec le fil 1, je fais un deuxième nœud sur le fil 2. Je tire pour le placer à côté du premier nœud.

❸ J'obtiens un double nœud à droite. Le fil 1 s'est déplacé vers la droite.

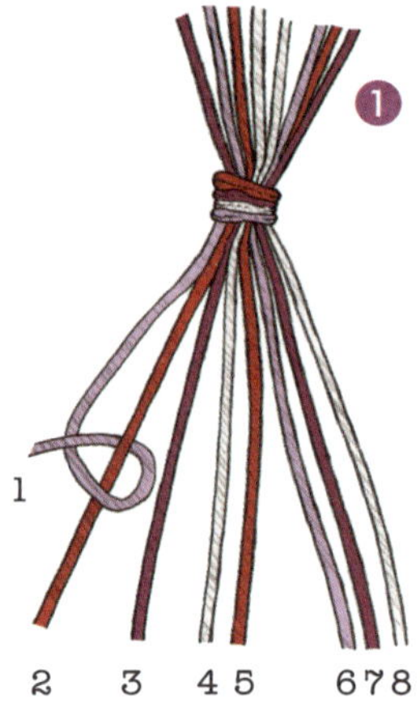

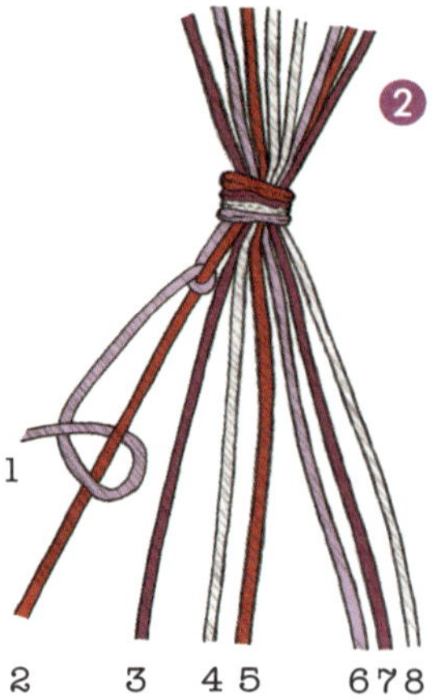

Les 2 fils qui travaillent doivent toujours être bien tendus et chaque nœud doit être serré de la même façon.

Nœud à gauche

❶ Avec le fil 8, je forme une boucle sur le fil 7. Je tire pour faire remonter le nœud. J'obtiens un nœud à gauche.

❷ Toujours avec le fil 8, je fais un deuxième nœud sur le fil 7. Je tire pour le placer à côté du premier nœud.

❸ Le fil 8 est passé de droite à gauche et j'obtiens un double nœud à gauche.

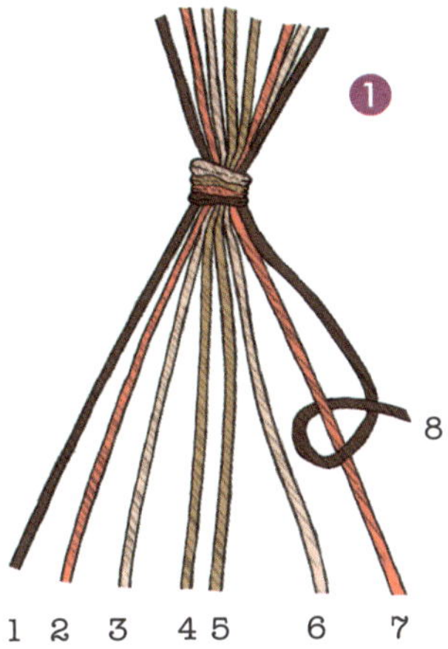

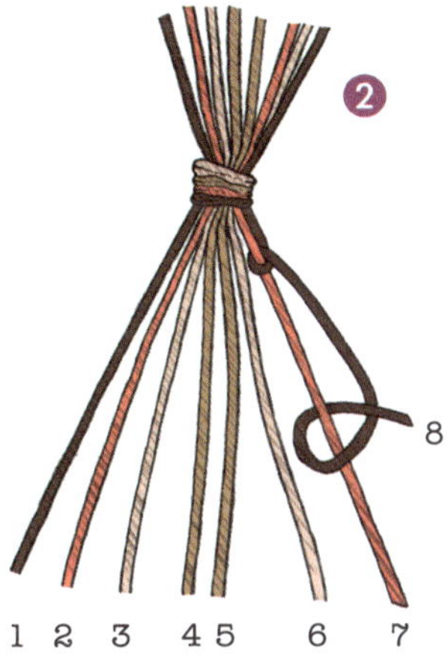

Brésiliens simples

Toutes les harmonies sont possibles. Versions acidulée, chic ou romantique ; en 2, 3, 4 couleurs… ou plus !

- 8 fils de 90 cm (2 violets, 2 mauves, 2 blancs, 2 rouges)

Je commence par faire un nœud en laissant dépasser environ 6 cm de fil.

❶ Avec le fil 1, je fais un double nœud à droite sur le fil 2, puis sur les fils 3, 4, 5, 6, 7 et 8.

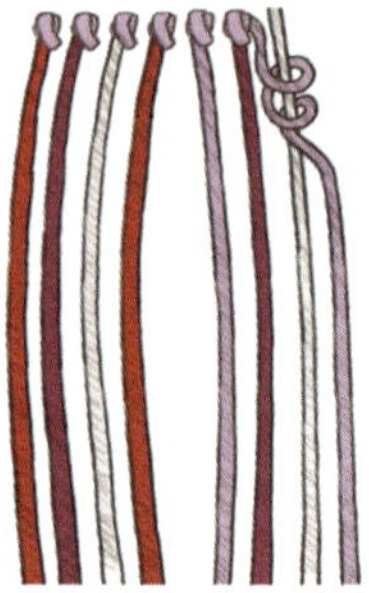

2 3 4 5 6 7 8 1

❷ La première rangée est faite et le fil 1 se retrouve complètement à droite. Avec le fil 2, je réalise la deuxième rangée en faisant un double nœud à droite sur le fil 3, puis sur les fils 4, 5, 6, 7, 8 et 1.

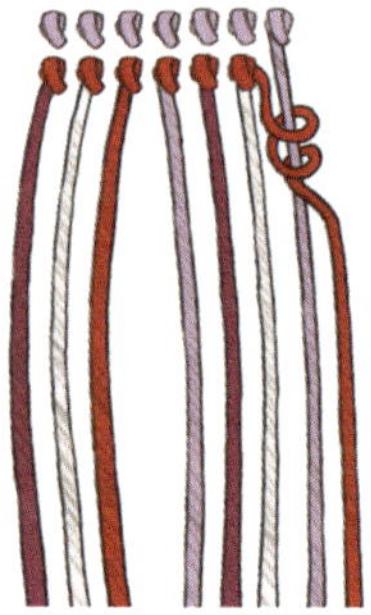

3 4 5 6 7 8 1 2

❸ Je procède ainsi avec tous les fils jusqu'à la longueur désirée. Je termine le bracelet en nouant les fils et je laisse dépasser environ 6 cm.

Brésiliens zigzag

Un drôle de modèle qui paraît bien compliqué. Mais sa réalisation est très facile. Pas de doute, tu vas passer pour une pro !

- 4 fils de 180 cm (1 mauve, 1 bleu nacré, 1 taupe, 1 violet brillant)

Avant de commencer, je joins les fils, les plie en deux et réalise une boucle.

❶ Je fais 8 rangées simples avec les 8 premiers fils.

❷ Avec le fil 1, je fais une rangée simple jusqu'au fil 8. Puis toujours avec ce fil, je fais une série de nœuds à gauche du fil 8 au fil 2.

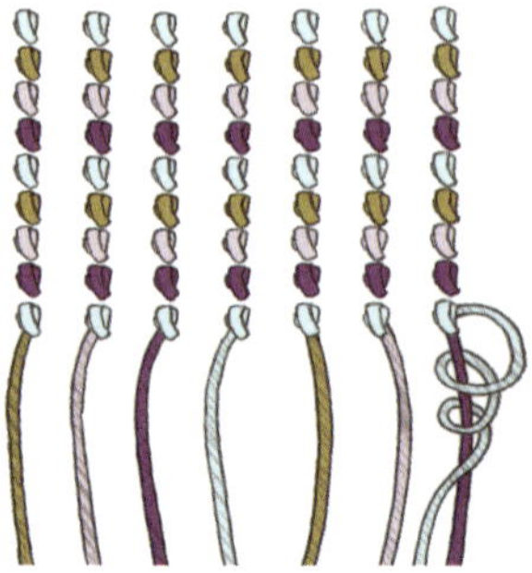

❸ Je prends le fil 8 et je réalise une série de nœuds à gauche jusqu'au fil 1.

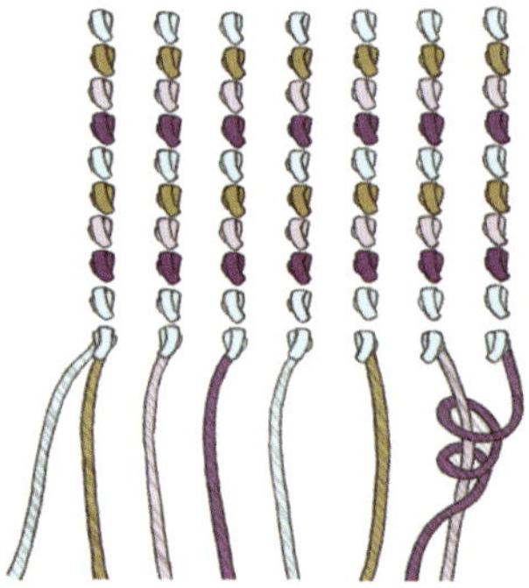

❹ Je continue de droite à gauche jusqu'au prochain virage et je repars alors de gauche à droite.

❺ Je termine le bracelet par deux petites tresses.

Brésiliens V

L'indispensable bracelet qui permet de s'habituer aux deux techniques de nœuds. Et avec des branches bicolores, l'effet est surprenant !

- 8 fils de 90 cm (2 rose poudré, 2 roses, 2 chocolat, 2 marron clair)

Je noue les fils ensemble en laissant dépasser environ 6 cm.

❶ Avec le fil 1, je réalise des double nœuds à droite sur les fils 2, 3 et 4. Avec le fil 8, je fais ensuite des double nœuds à gauche sur les fils 7, 6 et 5. Pour terminer le V, je fais un double nœud du fil 8 sur le fil 1.

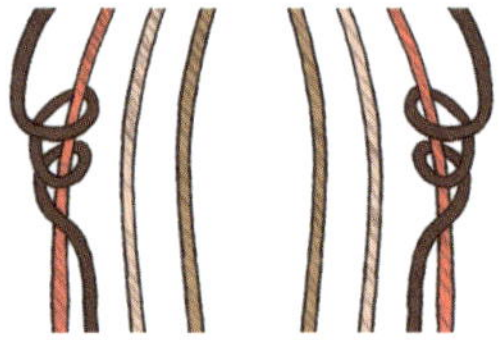

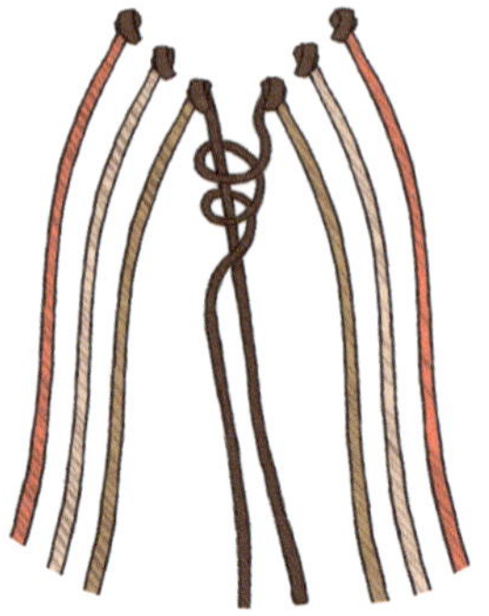

❷ Avec le fil 2, je fais des double nœuds à droite sur les fils 3, 4 et 8. Avec le fil 7, je réalise des double nœuds à gauche sur les fils 6, 5 et 1. Pour terminer le V, je fais un double nœud du fil 2 sur le fil 7.

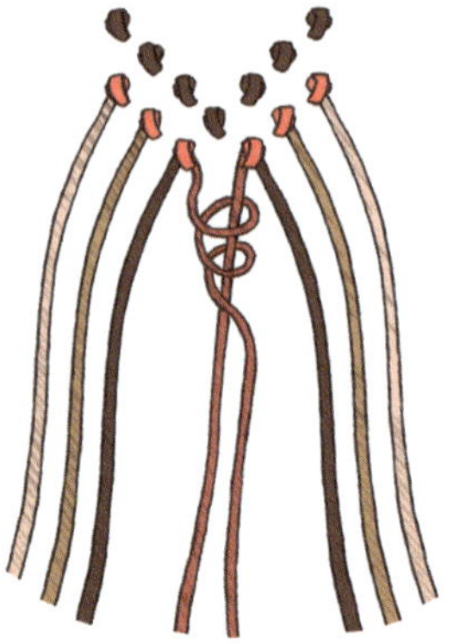

❸ Je continue avec les fils 3 et 6 puis 4 et 5. Les fils se retrouvent alors dans l'ordre de départ. Je procède ainsi jusqu'à la longueur souhaitée.

Brésiliens V

Variante branches inversées

- 8 fils de 90 cm (2 roses, 2 anthracite, 2 vert sapin, 2 vert clair)

Je noue les fils ensemble en laissant dépasser environ 6 cm.

Pour cette variante, je crée des V avec des branches bicolores.

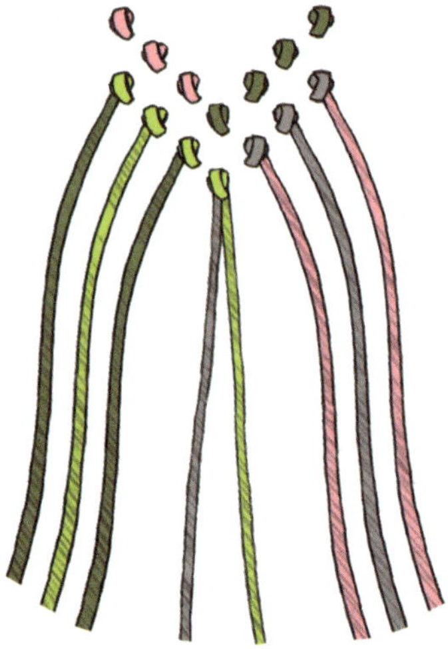

Brésiliens croix et losanges

Des motifs à alterner sans modération pour des effets très différents.

- 4 fils de 180 cm (1 bordeaux, 1 rose, 1 vert clair, 1 vert foncé)

Avant de commencer, je joins les fils, les plie en deux et réalise une boucle.

❶ Je commence le bracelet selon la technique du brésilien en V. Pour faire une croix avec le fil bordeaux, je réalise un V complet. Les fils vert clair commencent un V sur les fils vert foncé et roses. Puis ce sont les fils bordeaux qui font alors les nœuds sur les fils vert clair.

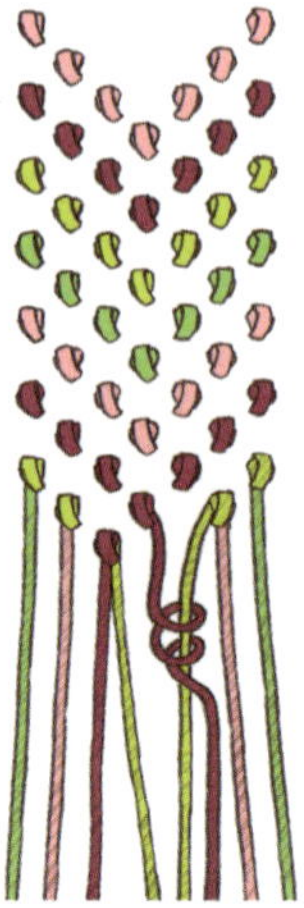

❷ Les fils vert foncé font un double nœud sur les fils roses. Les fils bordeaux font un double nœud sur les fils vert foncé.

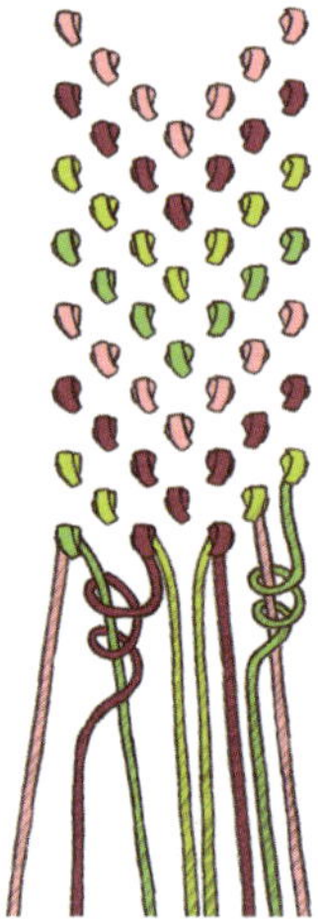

Photo du modèle page 31

❸ Les fils bordeaux font un double nœud sur les fils roses. La croix est terminée ; le sens des V est inversé. Je continue le bracelet en V mais en partant du centre.

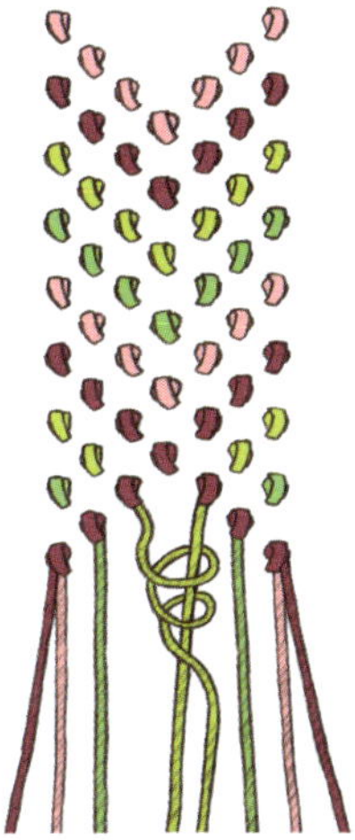

❹ Pour faire un losange avec le fil bordeaux, je réalise un V inversé complet.

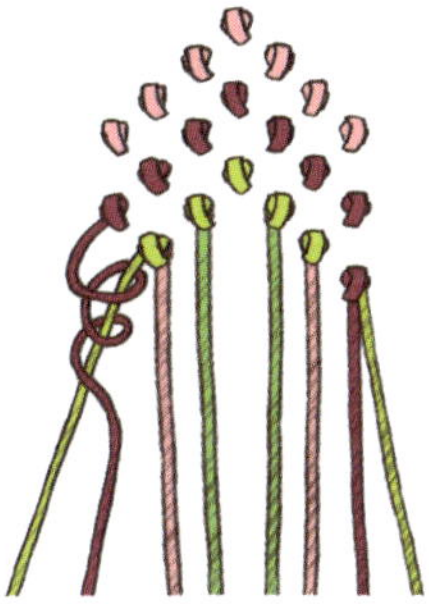

❺ Les fils vert clair font un V jusqu'aux fils roses et les fils bordeaux font un double nœud sur les fils vert clair. Les fils vert foncé font un double nœud sur les fils roses et les fils bordeaux font un double nœud sur les fils vert foncé.

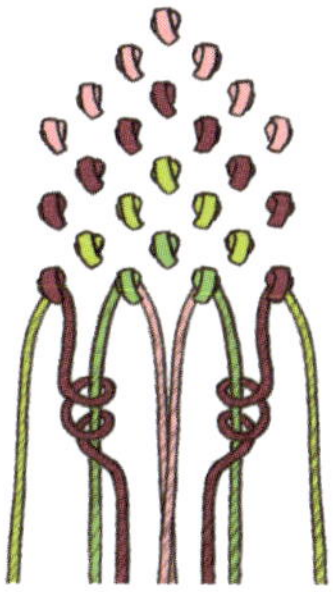

❻ Les fils roses font un double nœud entre eux. Les fils bordeaux font un double nœud sur les fils roses puis un double nœud entre eux pour finir le losange. Les V ont rechangé de sens. Je reprends les fils extérieurs pour redessiner des V.

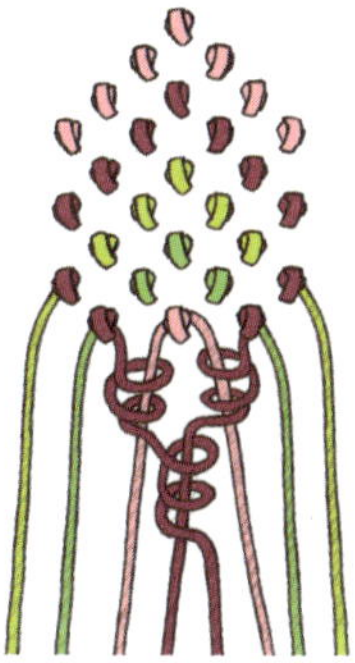

Brésiliens croix et losanges

Variante petits carrés

- 6 fils de 90 cm (2 roses, 2 saumon, 2 jaunes)
- 2 fils fuchsia de 120 cm

Je noue les fils ensemble en laissant dépasser environ 6 cm.
Attention, les fils qui vont dessiner les petits carrés travaillent beaucoup plus que les autres. Il faut donc qu'ils soient plus longs.

1 Je commence le bracelet en V et je réalise une croix avec le fil fuchsia. Lorsque la croix est terminée, je fais un losange avec ce même fil fuchsia de façon à former un carré.

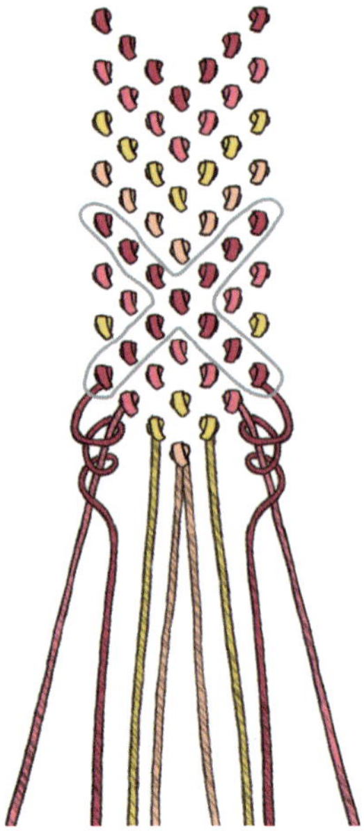

2 Je continue cette succession de petits carrés jusqu'à en former 5. Puis je reprends le motif du V avec chaque fil.

Love

Brésiliens poissons

Une envie de vacances et de plage ? Ce motif aux couleurs marines te dépaysera !

- 3 fils de 180 cm (2 bleus, 1 bleu clair)
- 1 fil écru de 200 cm

Avant de commencer, je joins les fils, les plie en deux et réalise une boucle.

1 Je commence le bracelet par des V inversés en partant du centre et je réalise un losange avec les fils écrus.

2 Je continue avec les fils écrus pour former une croix. Un petit poisson apparaît.

3 Je fais ensuite un V avec les deux fils bleus et le fil bleu clair et je reforme un poisson avec le fil écru. Je termine le bracelet par deux petites tresses.

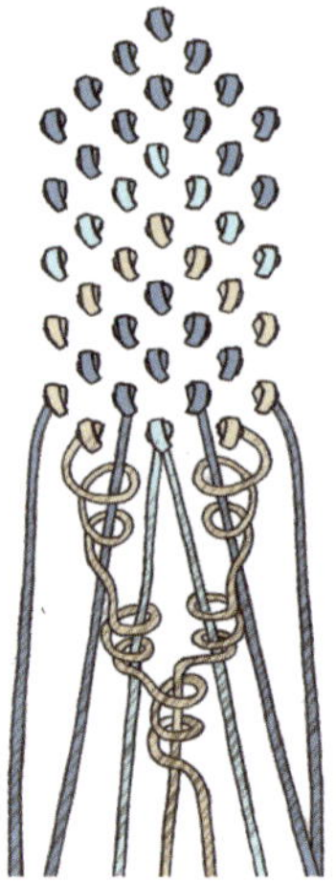

1

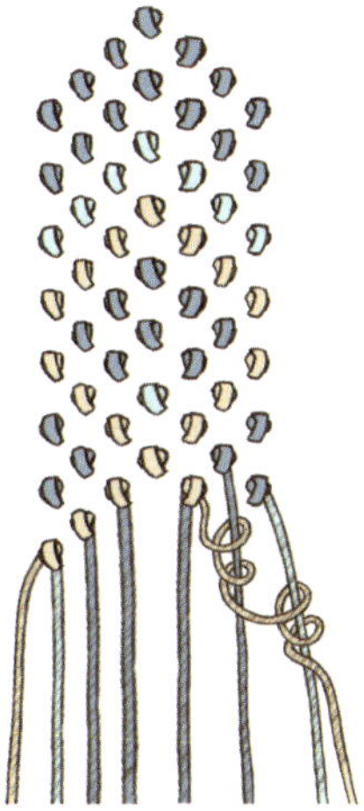

2

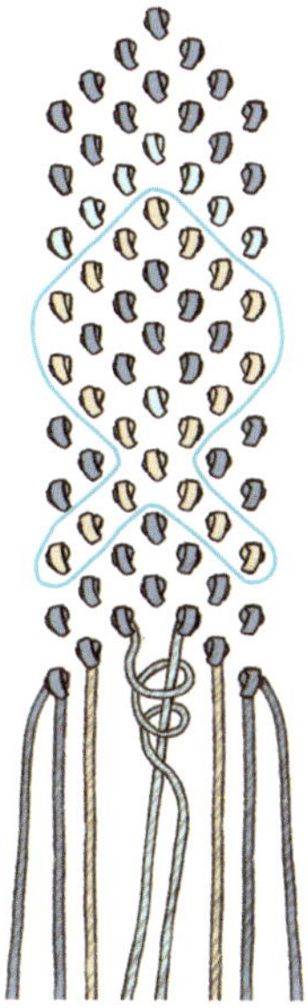

3

Brésiliens petits pois

Un joli motif à porter à l'endroit ou à l'envers pour des bracelets exclusivement bicolores !

- 6 fils marron glacé de 210 cm
- 4 fils chocolat de 150 cm

Avant de commencer le bracelet, je joins les fils, les plie en deux et réalise une boucle.

1 Je forme des V inversés avec tous les fils marron glacé placés au centre. Lorsque les 3 rangées sont faites, les fils chocolat se retrouvent au centre.

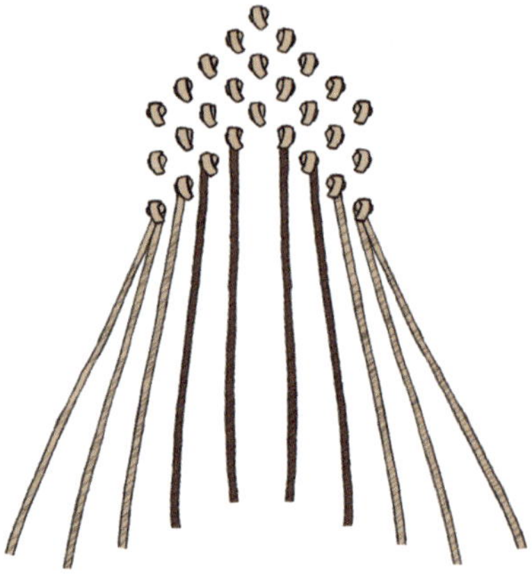

2 Je fais 2 double nœuds à droite sur les fils chocolat comme sur le dessin.

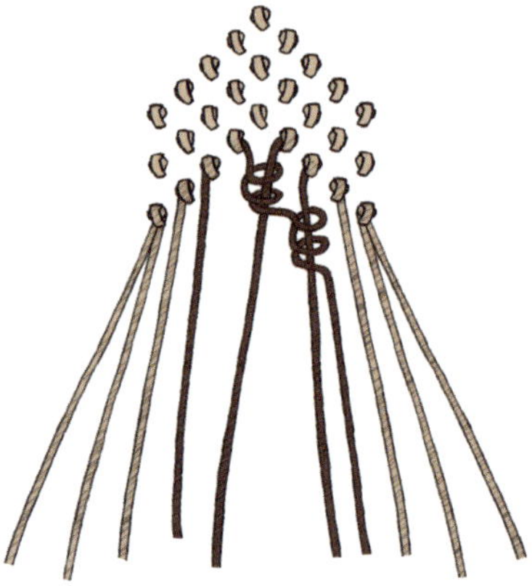

Photo du modèle page 37

3 Je recommence cette opération avec l'autre fil chocolat. J'obtiens un petit pois au centre du bracelet.

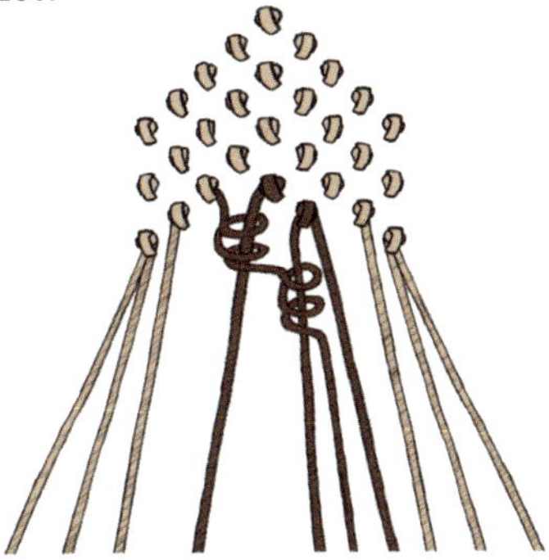

4 Les fils marron glacé qui entourent les fils chocolat font un V.

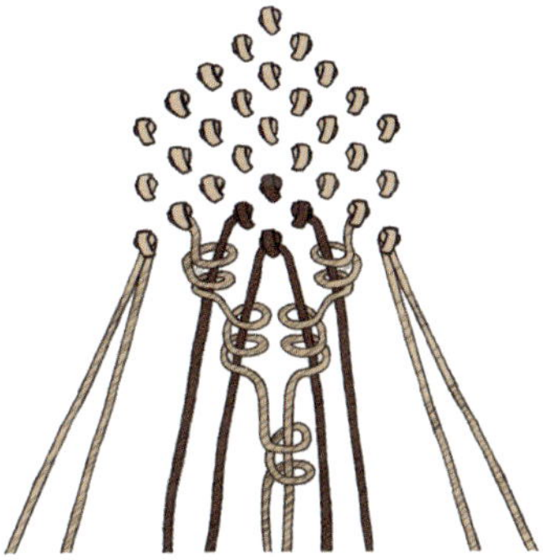

5 Je continue à former des V avec les 2 fils qui suivent.

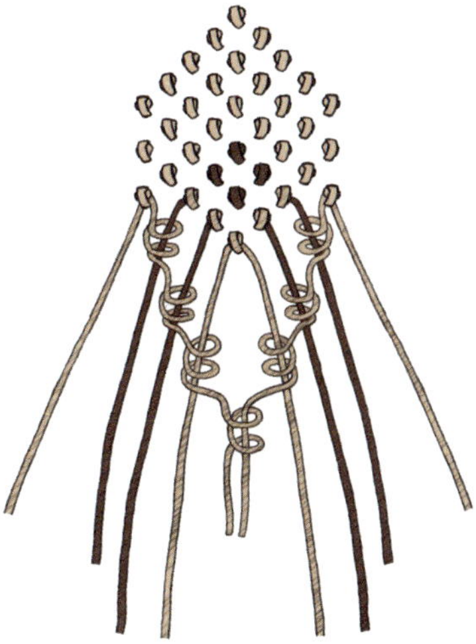

6 Je termine le V avec les 2 fils extérieurs.

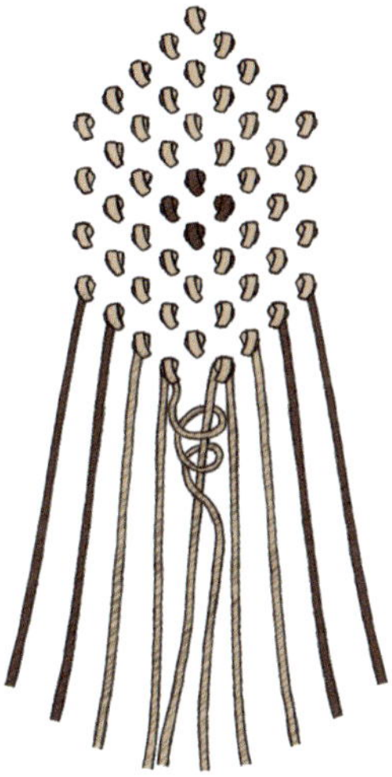

❼ Les fils chocolat se retrouvent à l'extérieur du bracelet. Je les noue entre eux pour créer un petit pois.

❽ De chaque côté du bracelet, je prends le fil marron glacé à côté des fils chocolat et je fais des double nœuds sur les fils chocolat.

❾ Je continue à faire des double nœuds avec les fils marron glacé.

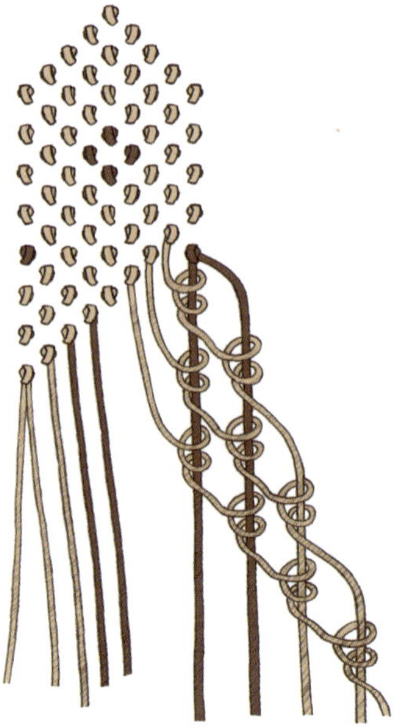

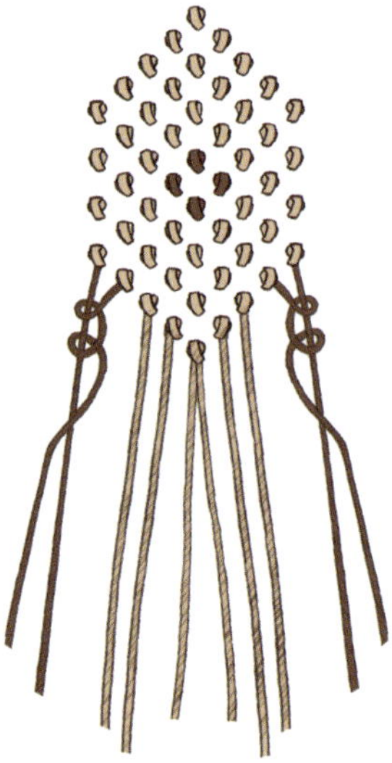

❿ Lorsque tous les fils marron glacé sont descendus, les fils chocolat se retrouvent au centre, comme à l'étape 2.

⓫ Je refais alors un pois central et je répète ces différentes étapes jusqu'à obtenir la bonne longueur de bracelet. Je termine par deux petites tresses.

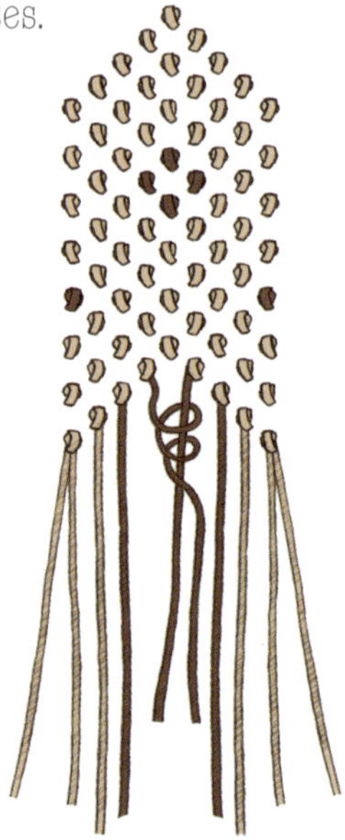

Brésiliens recto verso

Très original, ce modèle fera pâlir d'envie tes amies !

- 4 fils de 180 cm
  (1 anthracite, 1 rose,
  1 indigo, 1 mauve)

Avant de commencer le bracelet, je joins les fils, les plie en deux et réalise une boucle.

1 Je forme un V inversé avec les fils indigo du centre. Je réalise ensuite un double nœud entre les fils roses et les fils anthracite.

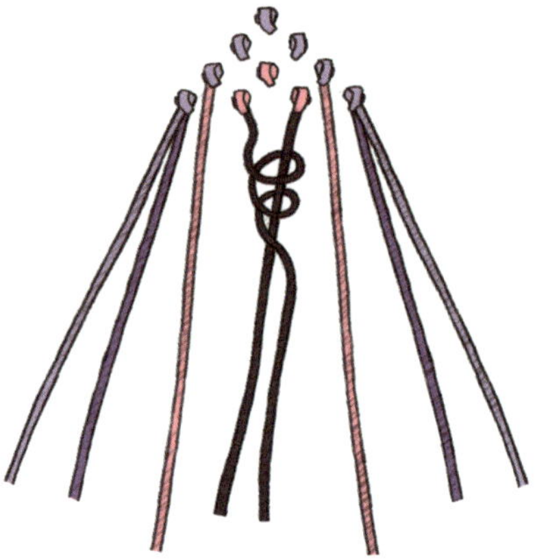

Photo du modèle page 41

❷ Je noue les fils anthracite entre eux.

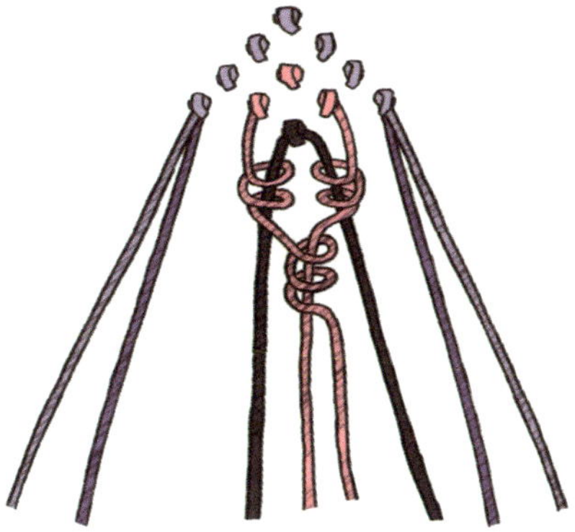

❸ Je réalise un double nœud avec les fils roses sur les fils anthracite puis entre eux pour former un petit carré rose.

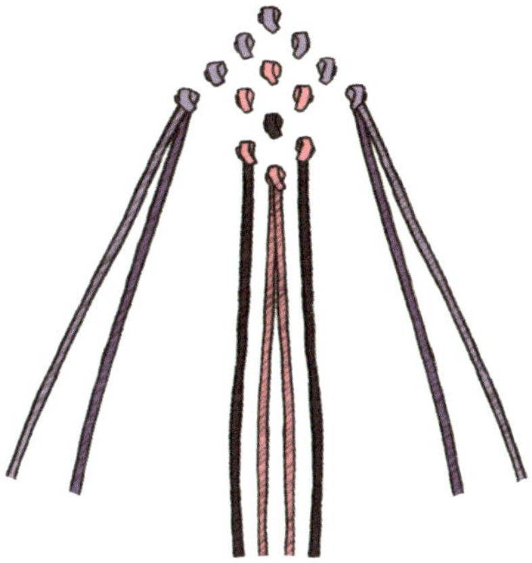

❹ Avec le fil indigo de gauche, je fais un double nœud à droite sur les fils mauves et anthracite et un double nœud à gauche sur ces mêmes fils. Je procède de la même façon avec le fil indigo de droite.

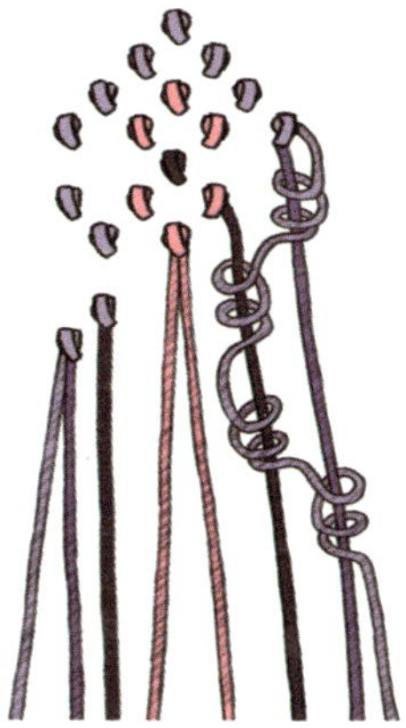

5 Je recommence ces étapes pour former plusieurs petits carrés et je termine cette première série par un V rose pour changer de couleur.

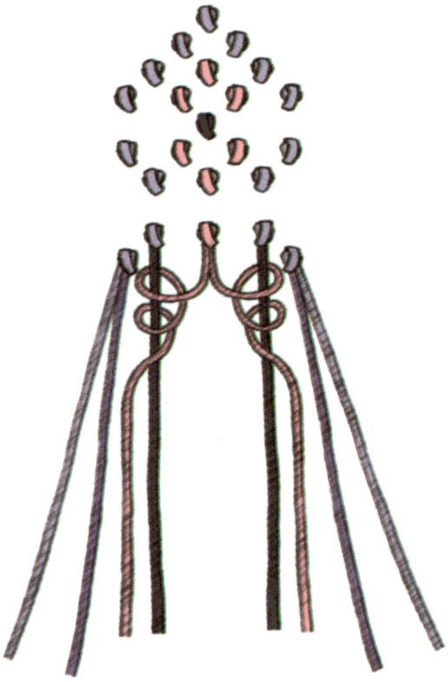

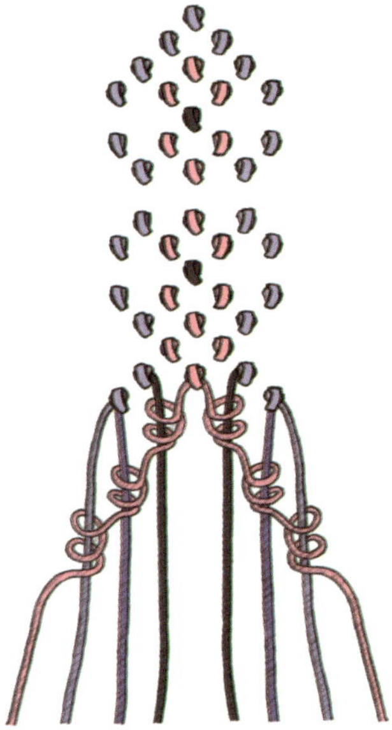

6 Je réalise un V inversé avec les fils anthracite du centre et je recrée le motif avec les fils mauves et indigo.

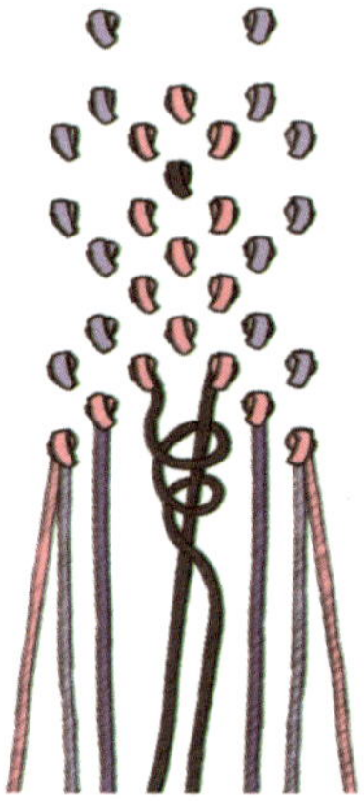

Wraps simples

Des bracelets fins, tout ronds à accrocher partout !

- 4 fils de 140 cm (1 fuchsia, 1 violet, 1 vert anis, 1 orange)

Avant de commencer, je joins les fils, les plie en deux et réalise une boucle.

❶ Je place les fils les uns à côté des autres sans ordre précis. Je maintiens les fils fixes entre le pouce et l'index de la main gauche. Avec la main droite, je prends un fil mobile de la couleur choisie.

❷ J'enroule ce fil plusieurs fois autour des fils fixes en serrant bien. Attention à ne pas chevaucher les enroulements. Pour bien serrer, tous les 5 à 6 tours, je maintiens les derniers tours d'enroulement entre le pouce et l'index et je les fais glisser vers le haut.

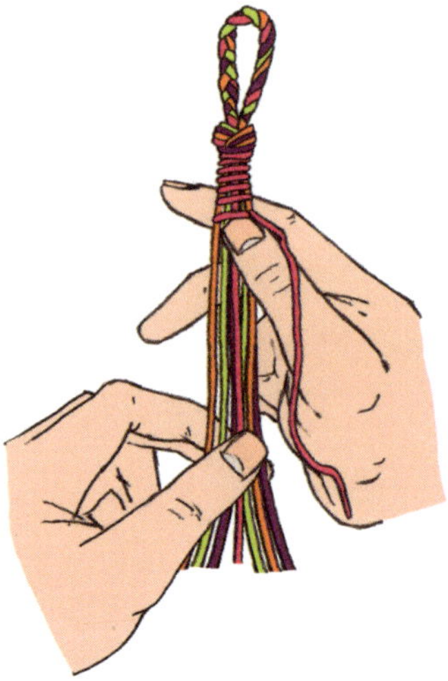

3 Pour changer de couleur, une fois le premier enroulement effectué, je tiens la fin de l'enroulement entre le pouce et l'index de la main gauche et je choisis avec la main droite un fil d'une nouvelle couleur. Je maintiens l'enroulement bien serré, je place l'ancien fil mobile avec les fils fixes et je commence un deuxième enroulement avec ce nouveau fil.

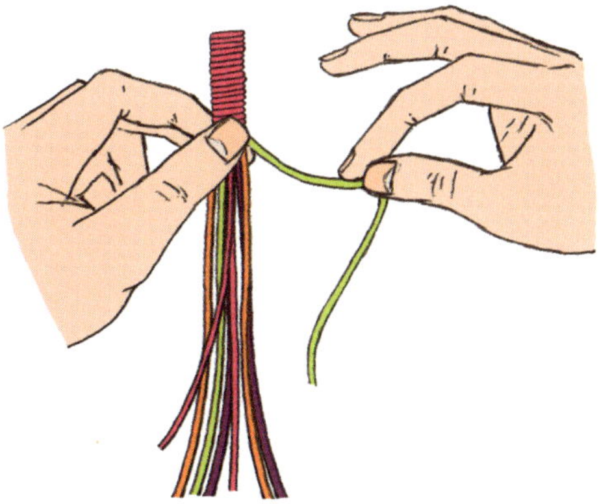

4 Je change ainsi plusieurs fois de couleur jusqu'à obtenir la longueur de bracelet désirée.

Wraps doublés

Pour des combinaisons de couleurs infinies !

- 8 fils de 70 cm (2 blancs, 3 violets, 3 mauves)

Avant de commencer, je noue les fils ensemble en laissant dépasser environ 6 cm.

❶ Au moment d'un changement de couleur, je choisis 2 fils de couleurs différentes. J'enroule ces 2 fils autour des fils fixes.

❷ Une fois l'enroulement terminé, je replace ces 2 fils dans les fils fixes et je choisis un nouveau fil mobile.

❸ J'alterne régulièrement les enroulements simples à une couleur avec des enroulements à 2 couleurs.

❶

❷

Wraps croisés

Un effet chic, des finitions soignées. Celui-là, c'est sûr, tout le monde va l'adopter !

- 4 fils de 140 cm (1 bleu, 1 noir, 1 violet, 1 bleu nacré)

Avant de commencer, je joins les fils, les plie en deux et réalise une boucle.

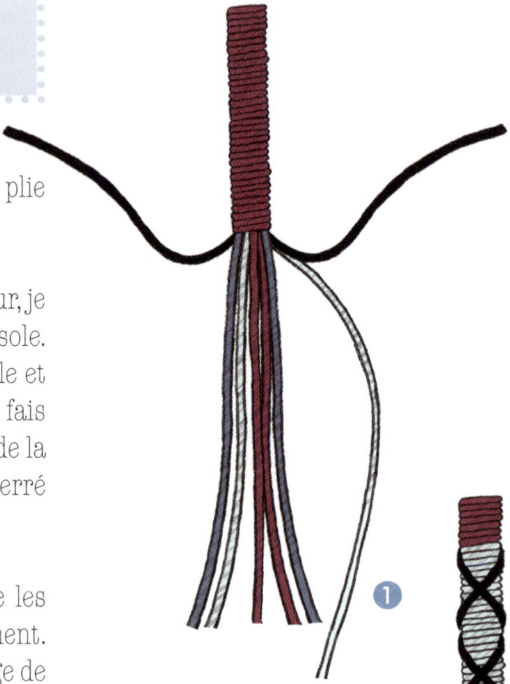

1

1 Au moment d'un changement de couleur, je choisis 2 fils d'une même couleur et je les isole. Je choisis également un nouveau fil mobile et je l'enroule. À la fin de l'enroulement, je fais un nœud avec ce fil mobile et un autre fil de la même couleur. L'enroulement reste bien serré et permet d'avoir les mains libres.

2 Je reprends les 2 fils mis de côté. Je les croise plusieurs fois par-dessus l'enroulement. Je les replace dans les fils fixes et je change de couleur pour continuer le bracelet.

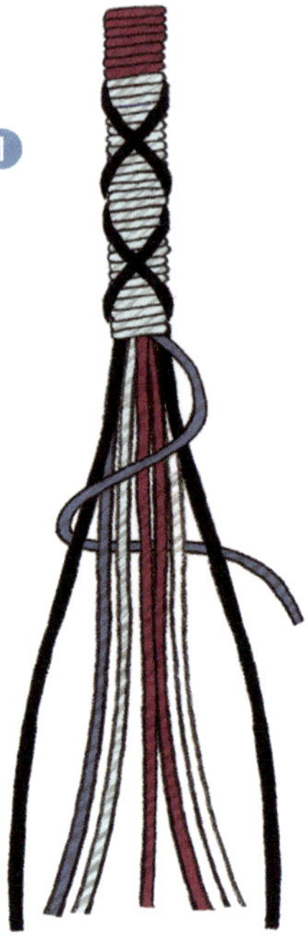

2

Wraps croisés

Variante croisés sur toute la longueur

- 6 fils violets de 70 cm
- 2 fils mauve nacré de 40 cm

Avant de commencer, je noue les fils ensemble en laissant dépasser environ 6 cm.

❶ J'isole les 2 fils mauve nacré et je fais des enroulements avec les fils violets.

❷ Lorsque la longueur désirée est atteinte, je fais un nœud avec le dernier fil mobile et un autre fil violet pour maintenir l'enroulement serré et avoir les mains libres.

❸ Je prends les 2 fils mauve nacré et je les croise sur toute la longueur du bracelet. Je noue ensuite tous les fils ensemble.

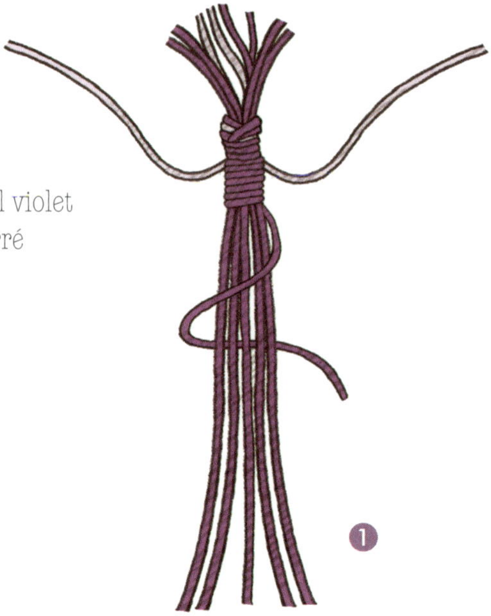

❶

❸

Wraps croisés

Variante à larges croix

- 18 fils de 70 cm (8 verts, 6 noirs, 4 blancs)
- Prévoir 8 fils verts supplémentaires de 30 cm chacun

Avant de commencer, je noue les fils ensemble en laissant dépasser environ 6 cm.

❶ Je commence le bracelet par les enroulements de mon choix. Pour réaliser les croix larges, je termine l'enroulement précédent par un nœud pour avoir les mains libres.

❷ J'isole les 6 fils noirs et les 4 fils blancs. J'ajoute les 8 fils verts supplémentaires dans les fils fixes.
Je prends un fil vert et je l'enroule autour des fils fixes. Je change régulièrement de fil vert pour faire un enroulement de la quasi-totalité du bracelet. Lorsque la longueur est atteinte, je bloque l'enroulement par un nœud pour avoir les mains libres et je coupe les 8 fils verts supplémentaires.

❸ Je reprends les fils noirs et blancs en plaçant 3 fils noirs entre 2 fils blancs. Je les croise sur l'enroulement vert en les laissant bien à plat.

❹ Je réintègre les fils noirs et blancs dans les fils fixes et je continue le bracelet.

❷

❸

Bracelets wraps avec perle centrale

Un bracelet monochrome afin de faire ressortir encore plus la fantaisie de la perle !

- 4 fils marron de 140 cm
- 1 perle

Avant de commencer le bracelet, je joins les fils, les plie en deux et réalise une boucle.

❶ Je réalise des enroulements avec les fils marron jusqu'à la moitié du bracelet.

❷ Je fais un nœud entre le fil mobile et un des fils fixes pour avoir les mains libres. J'isole un fil et je passe la perle.

❸ Je fais un petit enroulement de la longueur de la perle puis je réintègre le fil de la perle dans les fils fixes.

❹ Je continue les enroulements et je termine le bracelet par deux petites tresses.

Bracelets wraps multiperles

Pour les soirées chic, des bracelets strass et paillettes des plus appropriés !

- une trentaine de perles de rocaille rouges transparentes
- 4 fils violets de 140 cm

Avant de commencer le bracelet, je joins les fils, les plie en deux et réalise une boucle.

1 Les fils étant trop épais pour passer dans les perles, j'en dédouble 2 et j'enfile 5 à 6 perles dans chaque fil.

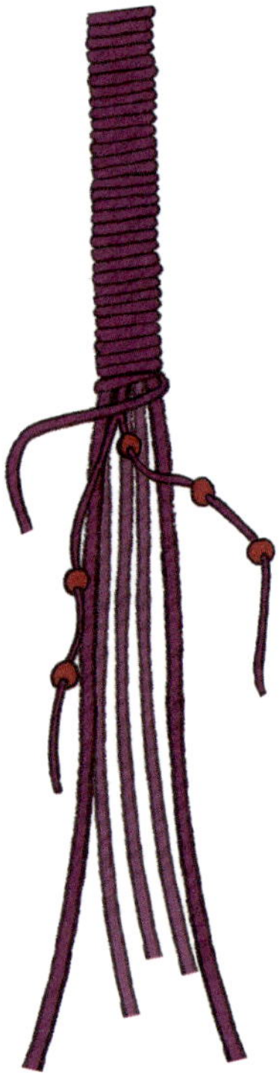

2 Je commence un enroulement et je coince une perle de temps en temps en prenant soin de les placer sur des zones différentes.

3 Lorsque toutes les perles sont placées, je fais un nœud à la fin d'un enroulement pour avoir les mains libres. J'enfile à nouveau 5 à 6 perles dans chaque fil et je continue ainsi jusqu'à la fin du bracelet.

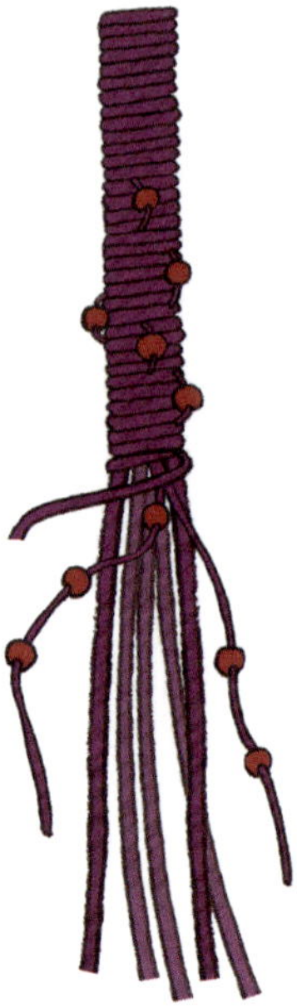

Pose dans les cheveux

Le wraps est avant tout destiné à décorer les cheveux. La mèche passe à l'intérieur de la tresse et le wraps devient solidaire des cheveux. En suivant bien les explications qui suivent, tu réussiras à poser de jolies tresses colorées pour l'été !

1 Je choisis une mèche de cheveux et je l'égalise.

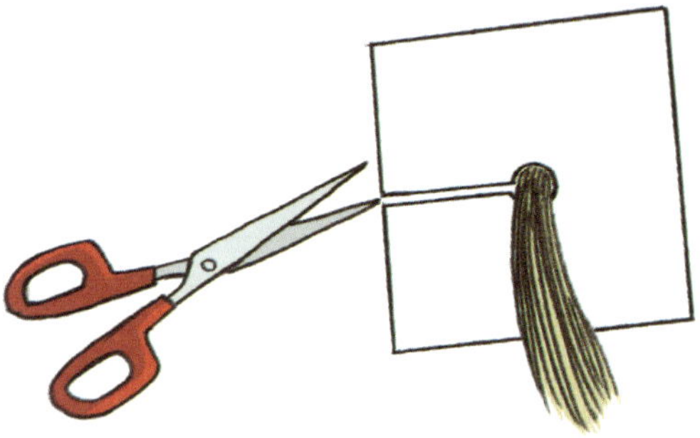

2 Je prépare un carré de carton fin d'environ 10 cm de côté, dans lequel je découpe une fente qui va du bord au centre du carton. Je glisse la mèche de cheveux dans cette fente pour l'isoler du reste de la chevelure. Je positionne alors le carton au niveau de la racine des cheveux.

3 J'attache l'ensemble de la chevelure avec une pince ou un élastique pour pouvoir tresser facilement.

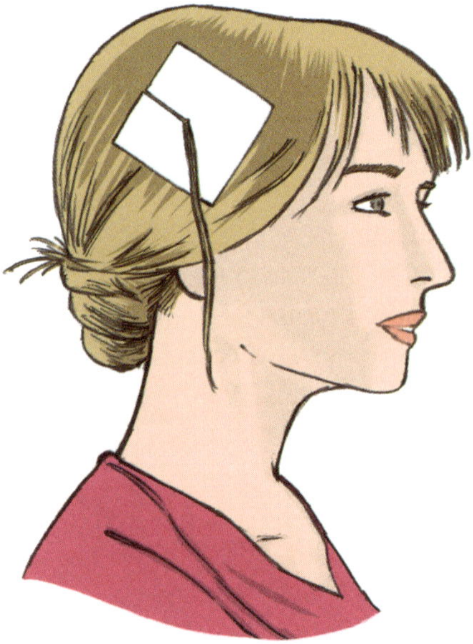

4 J'applique un peu de gel de la racine à la pointe des cheveux pour éviter que des fourches ne s'échappent. Pour faire 30 cm de wraps, je prévois des fils de 2 mètres de long et je les plie en deux.

5 Je réalise un nœud autour de la mèche de cheveux puis je remonte les fils à la racine des cheveux en les faisant glisser.

6 Je place les fils fixes le long des cheveux et je commence la tresse en enroulant le fil mobile autour de la mèche et des fils fixes. Je continue la tresse et la termine en suivant les indications des pages suivantes.

Pose dans les cheveux

Wraps de la longueur des cheveux

❶ Je procède comme pour un bracelet en enroulant le fil mobile autour de la mèche et des fils fixes. À la fin de la mèche de cheveux, je fais un double nœud avec le dernier fil mobile et un fil fixe de la même couleur.

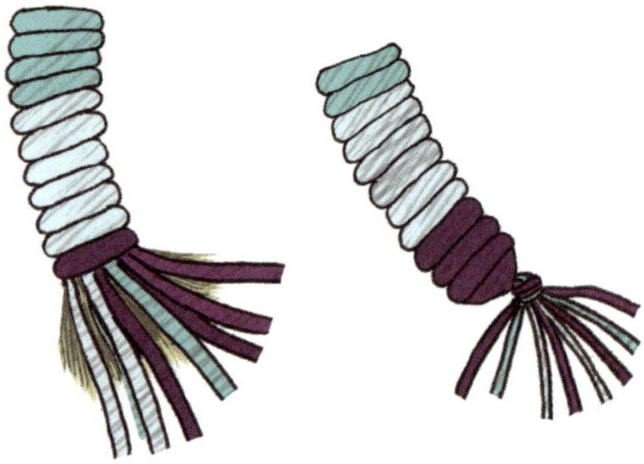

❷ J'enfile 1 ou 2 perles et je fais un nœud avec tous les fils pour bien les maintenir.

❸ Je coupe les fils qui dépassent en gardant environ 1 cm sous les perles.

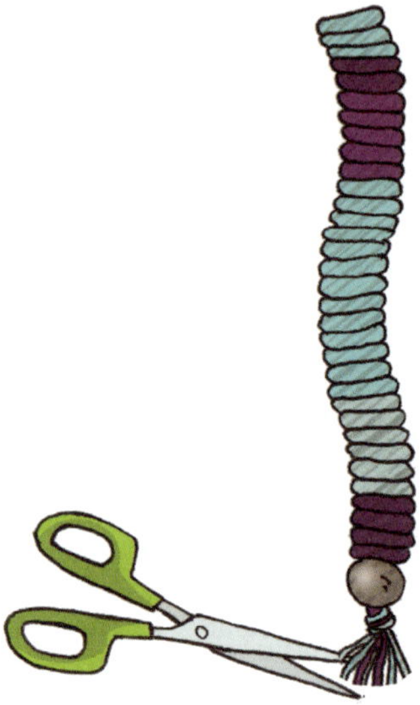

Ne garde pas un wraps plus de 3 semaines.

Wraps plus long que les cheveux

1 À environ 1 cm de la fin de la mèche, je change le fil mobile et je commence l'enroulement avec la nouvelle couleur.

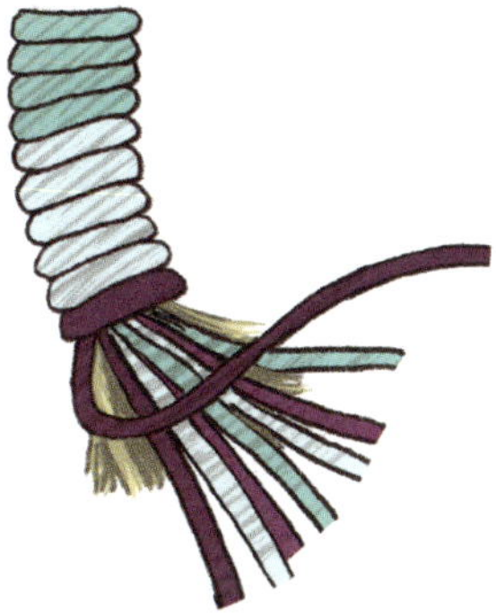

3

2 Je poursuis cette couleur encore plusieurs tours après la fin des cheveux.

3 Pour arrêter le wraps, je fais un double nœud avec le dernier fil mobile et un fil fixe de la même couleur. J'enfile 1 ou 2 perles. Je noue tous les fils et je coupe les brins qui dépassent en gardant 1 cm sous les perles.

Pour enlever le wraps

Je coupe les fils au-dessus de la perle et je déroule !

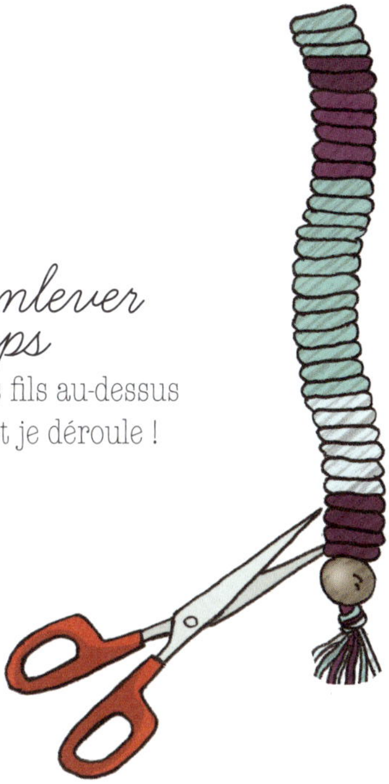

Mes pages perso

Mon modèle chouchou !

....

Les modèles qui me font le plus craquer :

....

....

....

....

Je crée mes propres gammes de couleurs :

Le premier modèle que j'ai réalisé :

Les modèles offerts :

Les modèles en cours :